Découvrez l'histoire par les archives de presse

RETRONEWS

Le site de presse de la BnF

www.retronews.fr

Le Foyer Gascon

ORGANE RÉGIONALISTE

Tribune des Françaises du Sud-Ouest

Faisant connaître leur rôle social, historique, économique

Paraissant le 20 de chaque mois

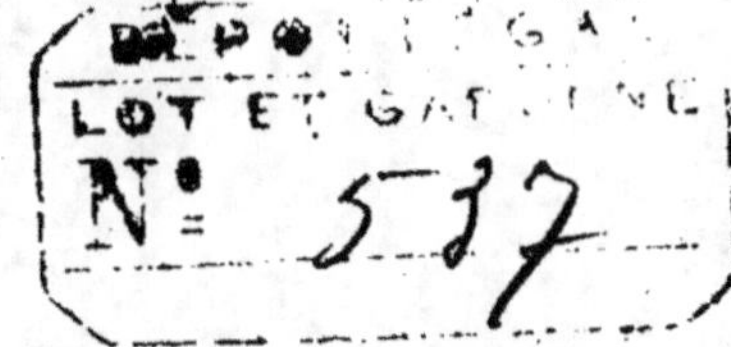

PROGRAMME

Pour :	Contre :
LE PERFECTIONNEMENT MORAL,	L'INERTIE PRÉTENTIEUSE,
L'ÉDUCATION MÉNAGÈRE,	L'INCOMPÉTENCE DOMESTIQUE,
L'ÉDUCATION SUFFRAGISTE,	L'INDIFFÉRENCE CIVIQUE,
LA LIBERTÉ ÉCLAIRÉE,	LA TUTELLE ABUSIVE,
LE MAINTIEN AU VILLAGE,	LES AMBITIONS CITADINES,

de la Femme

DÉLÉGUÉES DÉPARTEMENTALES

Lot-et-Garonne.. Mᵐᵉˢ BÉRARD, professeur agrégée, 11 bis, rue Garonne, Agen.
Gers .... DECKER-DAVID, présidᵗᵉ Groupe féministe, La Hourre, Auch
Hautᵗᵉˢ-Pyrénées. ESQUERRÉ, institutrice, 78, rue du Maréchal-Foch, Tarbes.
Bassᵉˢ-Pyrénées. DACHARY, institutrice, Groupe Marca, Pau.
Landes .... CASTETBIEILH, institutr. à Lauret (Landes), par Garlin..

ABONNEMENT ANNUEL : **5** francs, partant du ᵉʳ Janvier ou du ᵉʳ Juillet

ADRESSER MANDATS-POSTE OU CARTE :

à Mᵐᵉ BÉRARD-CAMOURTÈRES, *professeur,* 11 *bis,* rue Garonne, **Agen**

Publicité : Un franc par ligne et par numéro. Minimum trois francs. — Prix à forfait pour dix numéros.

AUX ABONNÉS : Les communications relatives au *Foyer Gascon* doivent parvenir 11 bis, rue Garonne, Agen, avant le 10 de chaque mois.

SOMMAIRE

BIBLIOTHÈQUE FÉMINISTE
DU LOT-ET-GARONNE

Le groupe féministe du Lot-et-Garonne tient à la disposition de ses sociétaires une centaine de volumes de critique ou d'histoire féministe.

La liste est jointe au n° d'août-septembre du *Foyer Gascon*.

Cette liste sera complétée dans un prochain numéro.

Toute commande adressée à la direction du *Foyer Gascon*, 11 *bis*, rue Garonne, Agen, devra être accompagnée de 1 franc en timbres-poste pour les frais d'envoi et de correspondance.

Situation de la Femme
dans les Civilisations anciennes
d'après les Livres Sacrés

Les Livres sacrés contiennent l'histoire des anciennes civilisations. Qu'ils soient transmis par la tradition orale, gravés sur l'argile ou écrits sur le papyrus, ce sont des documents dont on ne peut méconnaître la valeur. L'étude de ces documents n'a pas tenté jusqu'à nos jours les esprits féminins. Cependant, pour les femmes françaises, infériorisées par le Code Napoléon, pour celles surtout qui sentent l'injustice de cette infériorisation, la lecture des textes anciens fournira des preuves incontestables du grand rôle social que la femme a joué dans le passé et que, si elle le veut, elle pourra jouer dans l'avenir.

Il faut apporter à l'étude des textes anciens un esprit averti; les traducteurs de bonne foi n'ont pas toujours compris le véritable sens des mots; les traducteurs de mauvaise foi ont volontairement altéré le sens pour transformer la pensée et soutenir des thèses tendancieuses. C'est par l'intuition, faculté éminemment féminine, que la femme retrouvera la vérité dans les traductions opposées qu'on offre à ses commentaires. Sa fine sensibilité, aiguisée par le désir de connaître, lui fera soupçonner la falsification et dépister la tromperie.

Toutes les femmes peuvent lire les textes q e nous étalerons sous leurs yeux et l'intérêt qu'elles apporteront à cette lecture sera la mesure de leur intelligence et de leur amour du vrai.

I. — Lois de Manou (1)

Le livre des lois de Manou est tiré du grand livre sacré des Hindous appelé le Véda — ce qui signifie « science suprême ». D'après certains auteurs entre autres, Jacobi, le Veda a été dicté 3.000 ans avant notre ère par Sarasvati, dite la mère du Véda, déesse de la science et de la sagesse.

Voici ce qu'en dit l'auteur indien Hematchandra au XIIᵉ siècle, dans son ouvrage Abhidhâna tchintâmani ou « Joyau des dénominations » (2).

« *Sarasvati*, déesse de l'ordre, de l'harmonie, de la poésie, de la parole, de l'éloquence, de la musique et des arts. C'est elle qui a inventé la langue et les caractères sanscrits. C'est elle enfin qui inspire les poètes et qui donne l'intelligence du Véda.

Dans un des hymnes du Rig Véda (Mandala 125, 5-8), elle s'exprime ainsi :

« C'est moi qui proclame ce qui est agréable aux Dévâs et aux hommes; celui auquel je suis favorable, je le rends puissant, je fais de lui un brahmane, un poète et un sage.

« Je bande l'arc de Roudra (Dieu de la foudre), pour frapper de sa flèche l'ennemi des Dévâs; je fais la guerre pour le peuple; je pénètre le ciel et la terre.

« J'enfante le Père du monde sur la hauteur; je réside dans les eaux, dans la mer; de là, je pénètre dans tous les êtres et j'atteins de ma tête le ciel.

---

(1) Titre exact : Livre de la loi de Manou ou Manava-Dharma-Sastra comprenant les institutions religieuses et civiles des Indiens traduit du sanskrit par A. Loiseleur Deslonchamps, édit, de 1833. Analysé par G. Pauthier, Les Livres Sacrés de l'Orient, 1843. La première traduction est anglaise et faite par Villiam Jones. L'ouvrage est divisé en chapitres ou livres, les livres en versets ou slokas.

(2) Cité par M' Cecile Renooz, *L'Ère de la Vérité*.

« Je souffle comme le vent et je saisis tout ce qui existe, dépassant le ciel, dépassant la terre; telle je suis par ma grandeur. »

Les Brahmanes, entre 1000 et 800 ans avant notre ère, firent la révision du Véda, défendirent au vulgaire de lire les hymnes védiques et publièrent le Code des lois de Manou. (Manou n'est pas le nom d'un législateur mais signifie, comme Ménès ou Minos, un être symbolique, un des sept personnages divins qui gouvernent le monde.)

Ce code forme encore aujourd'hui la base du droit indien.. C'est le Livre de la loi qui comprend outre les matières d'un code ordinaire, c'est-à-dire ce qui regarde la conduite civile, l'histoire des origines de la terre, des idées métaphysiques, les préceptes à suivre dans les diverses périodes de la vie, les devoirs religieux, les cérémonies du culte, les maximes de morale, l'art de diriger les peuples, les règles de l'art militaire, du commerce, et enfin les détails sur les transmigrations des âmes, l'exposé des peines et des récompenses que l'homme subira après sa mort et les moyens de parvenir à la béatitude.

II. — Comment les « Lois de Manou » parlent de la Femme, en général.

Les lois de Manou étant l'interprétation par les Brahmanes des Védas dictés par la déesse Sarasvati, on ne s'étonnera pas de trouver dans les textes de Manou une double opinion sur la femme. La première favorable formulée par la déesse :

« Les femmmes (aussi précieuses que les joyaux), la vertu, la pureté, un bon conseil et les différents arts libéraux doivent être reçus de quelque part qu'ils viennent ».

L. 2 — S. 240.

« Partout où les femmes sont honorées, les divinités sont satisfaites; mais lorsqu'on ne les honore pas tous les actes pieux sont stériles ».

L. 3 — S. 56.

La seconde défavorable, formulée par les Brahmanes :

« Pendant son enfance, une femme doit dépendre de son père; pendant sa jeunesse, elle dépend de son mari; son mari étant mort, de ses fils; si elle n'a pas de fils, des proches parents de son mari, ou, à leur défaut, de ceux de son père; si elle n'a pas de parents paternels, du souverain. »

L. 5 — S. 148.

« Il est dans la nature du sexe féminin de chercher ici-bas à corrompre les hommes et c'est pour cette raison que les sages ne s'abandonnent jamais aux séductions des femmes. »

L. 2 — S. 213.

« En effet, une femme peut en ce monde écarter du droit chemin, non seulement l'insensé, mais aussi l'homme pourvu d'expérience et le soumettre au joug de l'amour et de la passion. »

L. 2 — S. 214.

Avouer ainsi la puissance féminine, c'est avouer, d'une part, l'autorité de cette puissance d'amour sur la force masculine et, d'autre part, l'incapacité de l'homme à résister à une force naturelle qui l'attire et qu'il craint. Dans toutes les civilisations primitives, le pouvoir de la femme, sur laquelle repose la perpétuité de la race, a dépassé celui de l'homme. Les historiens appellent « matriarchat », ces périodes pendant lesquelles les femmes gouvernaient.

Néanmoins, si les mœurs infériorisent la femme antique, la religion naturelle ne la considère pas comme « un os surnuméraire » (1). Elle est, dans la création, sur le même plan que l'homme. Bouddha (qualificatif du créateur et qui signifie Le Sage) a créé quatre classes d'hommes et de femmes.

« De sa bouche, il produisit les Brahmanes, classe supérieure qui connait et enseigne les saintes Ecritures, vivant dans la pauvreté, appelés aussi les saints.

« De son bras, il a créé les Kchratrya, classe militaire, qui doit protéger le peuple, exercer la charité, lire les Livres Saints et ne pas s'abandonner au plaisir des sens.

« De sa cuisse, il créa les Vaisya, commerçants ou agriculteurs.

« De son pied, enfin, il créa les Soudras, dont le seul office est de servir les classes précédentes sans déprécier leurs mérites. »

Ainsi est consacrée l'inégalité des classes conquérantes et des classes asservies, mais cette inégalité, qui n'était pas d'ailleurs signalée dans le Véda, n'indique pas l'infériorité de la femme.

Le rôle de la Femme, gardienne de la race, chargée de la perpétuer, est, au contraire, de premier plan. La Femme est considérée par la Loi comme le champ et l'homme comme la semence :

« C'est par la coopération du champ et de la semence qu'a lieu la naissance de tous les êtres animés. »

L. 9 — S. 33.

« Quelques sages vantent préférablement la semence; d'autres, le champ; d'autres estiment à la fois le champ et la semence : Voici quelle est la décision :

L. 10 — 5. 70.

____

(1) Bossuet.

« La semence répandue dans un sol ingrat s'y détruit sans rien produire; un bon terrain sur lequel aucune graine n'est jetée demeure entièrement nu. »

L. 10 — S. 71.

Et il conclut : « La terre (littéralement la matrice) est plus importante que la semence. »

L. 9 — S. 52.

III. — Situation de la jeune fille avant le mariage.

Les lois de Manou n'indiquent pas des règles spéciales pour l'éducation des jeunes filles, mais cette éducation était rapide et sans doute incomplète, car les jeunes filles étaient mariées de bonne heure :

« Un homme de 30 ans doit épouser une fille de 12 ans qui lui plaise; un homme de 24, une fille de 8. »

L. 9 — S. 94.

« Un père est répréhensible s'il ne donne pas sa fille en mariage dans le temps convenable. »

L. 9 — S. 4.

« C'est à un jeune homme distingué, d'un extérieur agréable et de la même classe qu'un père doit donner sa fille en mariage. »

L. 9. — S. 88.

Ces préoccupations n'ont rien perdu de leur actualité.

« Il vaut mieux, pour une demoiselle en âge d'être mariée, rester dans la maison paternelle jusqu'à sa mort, que d'être donnée par son père à un époux dépourvu de bonnes qualités. »

L. 9 — S. 89.

Ce qui prouve que la jeune fille n'était pas vendue au premier venu.

« Si une jeune fille n'étant pas donnée en mariage prend de son propre mouvement un époux, elle ne commet aucune faute, non plus que celui qu'elle va trouver. »

L. 9 — S. 91.

Voilà une initiative que n'oseraient prendre nos jeunes filles modernes; elle semble d'ailleurs démentir l'assujettissement féminin dont il était question dans le chapitre précédent. Seulement, ajoute la Loi :

« Qu'une fille quoique nubile attende pendant 3 ans, mais après ce terme qu'elle se choisisse un mari du même rang qu'elle. »

L. 9 — S. 90.

« Celui qui épouse une fille nubile ne donnera pas de gratification au père, car le père a perdu toute autorité sur sa fille en retardant pour elle le moment de devenir mère. »

L. 9 — S. 93.

« La demoiselle qui se choisit un mari ne doit pas emporter les parures qu'elle a reçues de son père, de sa mère, ou de ses frères; si elle les emporte, elle commet un vol. »

L. 9 — S. 92.

Ainsi la loi punit le père en le privant de l'autorité, non en le privant de ses biens.

« Ce que les gens de bien anciens et modernes n'ont jamais fait, c'est après avoir promis une jeune fille à quelqu'un de la donner à un autre. »

L. 9 — S. 99.

Ce respect de la parole donnée est l'indice d'une haute civilisation morale.

La dot telle qu'elle est comprise dans nos sociétés modernes n'est pas signalée dans le Code de Manou.

« Un père qui connaît la loi ne doit pas recevoir la moindre gratification en mariant sa fille; car l'homme qui, par cupidité, accepte une semblable gratification, est considéré comme ayant vendu son enfant. »

L. 3 — S. 51.

« Lorsque des parents, par égarement d'esprit, se mettent en possession des biens d'une femme, de ses voiles ou de ses vêtements, ces méchants descendent au séjour infernal. »

« Lorsque les parents ne prennent pas pour eux les présents qui sont destinés à la jeune fille, ce n'est pas une vente, c'est purement une galanterie faite à la jeune épouse, en témoignage d'affection. »

L. 3 — S. 54.

« La dot de la jeune fille est constituée par les cadeaux des parents et ceux de ses frères qui doivent prendre sur leur lot. Ceux qui refusent sont dégradés. »

L. 9 — S 119

« Le père doit prévenir le fiancé de tous les défauts de la jeune fille qu'il marie; s'il ne le fait pas, il paiera une forte amende. »

L. 8 — S. 224.

Excellente coutume, qu'on devrait bien remettre en honneur, aussi bien pour le jeune homme que pour la jeune fille.

Le Code de Manou donne des indications précises au jeune homme qui veut choisir une épouse.

« Ne pas s'unir à une jeune fille qui descend des mêmes aïeux maternels ou paternels jusqu'au 6° degré. »

L. 3 — S. 4.

Cette prohibition est partiellement maintenue dans nos codes modernes.

« Il doit éviter, en s'unissant à une épouse, les dix familles suivantes, lors même qu'elles seraient très considérables et très riches en vaches, chèvres, brebis, bien et grains, savoir :
La famille dans laquelle on néglige les sacrements, celle qui ne produit pas d'enfants mâles, celle où l'on n'étudie pas l'écriture sainte, celle dont les individus ont le corps couvert de longs poils ou son affligés d'hémorrhoïdes, soit de phtisie, soit de dyspepsie, soit d'épilepsie, soit de lèpre blanche, soit d'éléphantiasis. »

L. 3 — S. 6 et 7.

En somme, tares morales ou physiques dont on tient grand compte aujourd'hui.

« Qu'il n'épouse pas une fille ayant des cheveux rougeâtres, ou ayant un membre de trop, ou souvent malade, ou nullement velue, ou trop velue, ou insupportable par son bavardage, ou ayant les yeux rouges. »

L. 3 — S. 8.

« Ou qui porte le nom d'une constellation, d'un arbre, d'une rivière, d'un peuple barbare, d'une montagne, d'un oiseau, d'un serpent ou d'un esclave, ou dont le nom rappelle un objet effrayant. »

L. 3 — S. 9.

« Qu'il prenne une femme bien faite, dont le nom soit agréable, qui ait la démarche gracieuse d'un cygne ou d'un jeune éléphant, dont le corps soit revêtu d'un léger duvet, dont les cheveux soient fins, les dents petites et les membres d'une douceur charmante. »

L. 3 — S. 10.

Qu'en pensent nos fiancés modernes ?

« Un homme de sens ne doit pas épouser une fille qui n'ait pas de frère, ou dont le père n'est pas connu, dans la crainte pour le premier cas qu'elle ne lui soit accordée par le père que dans l'intention d'adopter le fils qu'elle pourrait avoir, ou pour le second cas de contracter un mariage illicite. »

L. 3 — S. 11.

IV. — Le mariage. — Ses divers modes. — Cérémonies qui l'accompagnent.

Il y a huit formes de mariage ; il ne s'agit pas ici de contrats, mais de formes morales.

1° *Le mode de Brahma.*

« Lorsqu'un père, après avoir donné à sa fille une robe et des parures, l'accorde à un homme versé dans la sainte Ecriture et vertueux, qu'il a invité de lui-même et qu'il reçoit avec honneur, ce mariage légal est dit celui de Brahma. »

L. 3 — S. 27.

Conséquences. — « Le fils d'une femme mariée selon le mode de Brahma, s'il se livre à la pratique des œuvres pies, délivre du péché dix de ses ancêtres, dix de ses descendants et lui-même, le vingt-et-unième. »

L. 3 — S. 36.

Qu'on remarque la formule « le fils d'une femme » et non le fils d'un homme ! C'est la mère qui transmet ici sa puissance morale à son fils.

2° *Le mode divin.*

« Le mode appelé divin par les mounis est celui par lequel la célébration d'un sacrifice étant commencé, un père, après avoir paré sa fille, l'accorde au prêtre qui officie. »

L. 3 — S. 28.

Conséquences. — « Celui qui doit le jour à une femme mariée selon le mode divin, sauve sept personnes de sa famille dans la ligne ascendante et dans la ligne descendante. »

L. 3 — S. 38.

3° *Le mode des Saints.*

« Lorsqu'un père accorde, suivant la règle, la main de sa fille, après avoir reçu du prétendu une vache et un taureau ou deux couples semblables pour l'accomplissement d'une cérémonie religieuse, ou pour les donner à sa fille, mais non comme gratification, ce mode est dit celui des Saints. »

L. 3 — S. 29.

Conséquences. — « Celui qui est né d'un mariage selon le mode des Saints sauve trois personnes de sa famille dans la ligne ascendante et dans la ligne descendante. »

L. 3 — S. 38.

4° *Le mode des créatures.*

« Quand un père marie sa fille avec les honneurs convenables

en disant : « Pratiquez tous deux ensemble les devoirs présents » ;
ce mode est déclaré celui des créatures. »

L. 3 — S. 30.

CONSÉQUENCES. — « Le fils qui provient de l'union conjugale célébrée d'après le mode des créatures, rachète six personnes de
sa famille dans la ligne ascendante et dans la ligne descendante. »

L. 3 — S. 38.

« Dès quatre premiers mariages, en commençant par l'ordre
de Brahma, naissent des enfants brillants de l'éclat de la science
divine, estimés des hommes vertueux. »

L. 3 — S. 39.

« Doués d'un extérieur agréable et de la qualité de bonté,
opulents, illustres, jouissant de tous les plaisirs, exacts à remplir
leurs devoirs et vivant cent années. »

L. 3 — S. 40.

5° *Le mode des mauvais génies.*

« Si le prétendu reçoit de son plein gré la main d'une fille en
faisant aux parents et à la jeune fille des présents selon ses facultés, ce mariage est dit celui des mauvais génies. »

L. 3 — S. 31.

Aujourd'hui on appellerait un tel mariage un mariage
d'intérêt.

6° *Le mode des musiciens célestes.*

« L'union d'une jeune fille et d'un jeune homme résultant d'un
vœu mutuel est dit le mariage des musiciens célestes ; née du
désir, elle a pour but les plaisirs de l'amour. »

L. 3 — S. 32.

Ces appellations poétiques cachent le mariage d'amour.

7° *Le mode des géants.*

« Quand on enlève par force de la maison paternelle une jeune
fille qui crie au secours et qui pleure, après avoir tué ou blessé
ceux qui veulent s'opposer à cette violence et fait brèche aux
murs, ce mode est dit celui des géants. »

L. 3 — S. 33.

8° *Le mode des vampires.*

« Lorsqu'un amant s'introduit secrètement auprès d'une femme
endormie ou enivrée par une liqueur spiritueuse, ou dont la raison est égarée, cet exécrable mariage, appelé mode des vampires,
est le 8° et le plus vil. »

L. 3 — S. 34.

CONSÉQUENCES. — « Par ces quatre derniers mariages sont produits des fils cruels, menteurs, ayant en horreur la Sainte Ecriture et les devoirs qu'elle prescrit. »

L. 3 — S. 41

« Des mariages irréprochables naît une postérité irréprochable; des mariages répréhensibles, une postérité méprisable : on doit donc éviter les mariages dignes de mépris. »

L. 3 — S. 42.

La cérémonie nuptiale présente quelques particularités. La vierge doit se présenter vêtue de blanc devant le brahmane.

« Les prières nuptiales sont destinées aux vierges seulement, et jamais en ce monde à celles qui ont perdu leur virginité, car de telles femmes sont exclues des cérémonies légales. »

L. 8 — S. 226.

Remarquer la survivance de cette tradition dans les coutumes modernes.

« Ces prières nuptiales sont la sanction nécessaire du mariage et les hommes instruits doivent savoir que le pacte consacré par ces prières est complet et irrévocable au septième pas fait par la mariée lorsqu'elle marche donnant la main à son mari. »

L. 8 — S. 227.

V. — Droits et devoirs des époux.

A. — *Droits et devoirs particuliers du mari.*

Le mariage est consommé, quelle va être la conduite du mari ? Il sait qu'il a une autorité absolue sur sa femme, puisque cette autorité lui a été transmise par le père. Le Code de Manou insiste à plusieurs reprises sur l'état de dépendance de la femme.

« Une femme est sous la garde de son père pendant son enfance, sous la garde de son mari pendant sa jeunesse, sous la garde de ses enfants pendant sa vieillesse; elle ne doit jamais se conduire à sa fantaisie. »

L. 9 — S. 3.

Néanmoins cette tutelle n'a rien d'humiliant. Elle est dictée au législateur par l'intérêt supérieur de la race.

« En effet, un époux préserve sa lignée, ses coutumes, sa famille, lui-même et son devoir en préservant son épouse. »

L. 9   S. 7.

« Que les maris, quelque faibles qu'ils soient, considérant que c'est une loi suprême pour toutes les classes, aient grand soin de veiller sur la conduite de leurs femmes. »

L. 9 — S. 6.

« Une femme met toujours au monde un fils doué des mêmes qualités que celui qui l'a engendré; c'est pourquoi, afin d'assurer la pureté de sa lignée, un mari doit garder sa femme avec attention. »

L. 9 — S. 9.

Ce n'est donc pas par tyrannie conjugale, mais pour maintenir l'intégrité de sa lignée que le père ou le mari doivent préserver les femmes de leur famille.

D'ailleurs, Manou, en profond psychologue, sait parfaitement limiter l'autorité maritale.

« Personne ne parvient à tenir les femmes dans le devoir par les moyens violents. Renfermées dans leurs demeures sous la garde d'hommes fidèles et dévoués, les femmes ne sont pas en sûreté : celles-là seulement sont bien en sûreté qui se gardent elles-mêmes de leur propre volonté. »

L. 9 — S. 12.

Molière traduit (1) :

« Et les soins défiants, les verrous et les grilles
« Ne font pas la vertu des femmes ni des filles. »

On réussit à assurer la vertu féminine par les expédients suivants :

« Que le mari assigne pour fonctions à la femme la recette des revenus, la dépense, la purification des objets et du corps, l'accomplissement de son devoir, la préparation de la nourriture et l'entretien des ustensiles du ménage. »

L. 9 — S. 11.

Manou avait une confiance complète dans le génie de l'épouse, puisqu'il lui confiait la gestion des revenus apportés par l'époux et la garde du foyer.

En récompense des devoirs qu'elles accomplissent dans leur maison :

« Les femmes mariées doivent être comblées d'égards et de présents par leurs pères, leurs frères, leurs maris et les frères de leurs maris, lorsque ceux-ci désirent une grande postérité. »

L. 3 — S. 55.

« Si une femme n'est pas parée d'une manière brillante, elle ne fera pas naître la joie dans le cœur de son époux; et si le mari n'éprouve pas de joie le mariage demeure stérile. »

L. 3 — S. 61.

« Lorsqu'une femme brille par sa parure, toute sa famille resplendit également; mais si elle ne bri'le pas, la famille ne jouit d'aucun éclat. »

L. 3 — S. 62.

Donc, pour que soit assurée une belle lignée, il faut donner à la femme tout ce qu'elle souhaite. Nous sommes loin de la tyrannie maritale, de l'esclavage féminin !

« Toute famille où les femmes vivent dans l'affliction ne tarde pas à s'éteindre; mais lorsqu'elles ne sont pas malheureuses, la famille s'augmente et prospère en toutes circonstances. »

L. 3 — S. 57.

« Les maisons maudites par les femmes d'une famille auxquelles on n'a pas rendu les hommages qui leur sont dûs, se détrui-

----

(1) Ecole des maris, acte I, scène III.

sent entièrement comme si elles étaient anéanties par un sacrifice magique. »

L. 3 — S. 58.

« C'est pourquoi les hommes qui ont le désir des richesses doivent avoir des égards pour les femmes de leur famille et leur donner des parures, des vêtements et des mets recherchés lors des fêtes et des cérémonies solennelles. »

L. 3 — S. 59.

La femme apparaît ici, non comme une esclave, mais comme une déesse, dispensatrice de richesses et que l'on peut se rendre favorable par des offrandes.

« Dans toute famille où le mari se plaît avec sa femme et la femme avec son mari, le bonheur est assuré pour jamais. »

L. 3 — S. 60.

On ne dirait pas mieux aujourd'hui.

B. — *Devoirs particuliers de la femme.*

« Les femmes ont été créées pour mettre au jour des enfants et les hommes pour les engendrer; en conséquence, des devoirs communs qui doivent être accomplis par l'homme de concert avec la femme sont ordonnées dans la Véda. »

L. 9 — S. 96.

« Mettre au jour des enfants, les élever lorsqu'ils sont venus au monde, s'occuper chaque jour des soins domestiques : tels sont les devoirs des femmes. »

L. 9 — S. 27.

Il n'y a dans ces ordres aucune intention d'inférioriser la femme : une tâche commune aux deux époux qui est de créer des enfants et de les élever; puis des fonctions distinctes, mais non inférieures les unes aux autres.

« De la femme seule procèdent les enfants, l'accomplissement des devoirs pieux, les soins empressés, le plus délicieux plaisir et le ciel pour les mânes des ancêtres et pour le mari lui-même. »

L. 9 — S. 28.

Ces dernières stances révèlent sans nul doute l'esprit féminin qui présida à la rédaction du Véda. La mère tient la première place, bien au-dessus de l'homme qui sans elle (c'est-à-dire sans enfants) ne peut entrer au paradis. Le rôle social, familial, religieux de la femme est nettement indiqué : les enfants, le culte, l'amour, le ciel.

Voici maintenant les vertus qu'elle doit pratiquer, les vices qu'elle doit éviter.

« Elle doit toujours être de bonne humeur, conduire avec adresse les affaires de la maison, prendre grand soin des ustensiles du ménage et n'avoir pas la main trop large dans sa dépense. »

L. 5 — S. 150.

« Boire des liqueurs enivrantes, fréquenter la mauvaise compagnie, courir d'un côté et de l'autre, se livrer au sommeil à des heures indues, se séparer de son époux, demeurer dans la maison d'un autre, sont six actions déshonorantes pour des femmes mariées. »

L. 9 — S. 13.

Tous ces conseils semblent non pas vieux de 3000 ans, mais d'inspiration moderne.

C. — *Devoirs réciproques.*

Le Code de Manou fixe ce qui doit être fait en cas de désaccord des époux.

« Si après avoir épousé régulièrement une jeune fille, le jeune homme s'aperçoit qu'elle a des marques funestes ou qu'elle est malade et que par conséquent il a été trompé, il peut abandonner la jeune fille. »

L. 9 — S. 72.

« Une femme adonnée aux liqueurs enivrantes, ayant de mauvaises mœurs, toujours en contradiction avec son mari, attaquée d'une maladie incurable comme la lèpre, d'un caractère méchant et qui dissipe son bien doit être remplacée par une autre femme. »

L. 9 — S. 80.

C'est le divorce par incompatibilité d'humeur.

« Si une femme a de l'aversion pour son mari, il doit la supporter pendant une année entière, mais après une année, si elle continue à le haïr, qu'il prenne ce qu'elle possède en particulier, lui donne seulement de quoi subsister et se vêtir et cesse d'habiter avec elle. »

L. 9 — S. 77.

« Si elle a de l'aversion pour lui parce qu'il est insensé ou coupable ou gravement malade, elle ne doit pas être punie. »

L. 9 — S. 79.

« Une femme stérile doit être remplacée la huitième année; celle dont les enfants sont tous morts, la dixième; celle qui ne met au monde que des filles, la onzième; celle qui parle avec aigreur, sur le champ. »

L. 9 — S. 81.

Ainsi la mansuétude du législateur est grande, sauf pour la femme irascible.

« Mais celle qui, bien que malade, est bonne et de mœurs vertueuses, ne peut être remplacée par une autre qu'autant qu'elle y consent et ne doit jamais être traitée avec mépris. »

L. 9 — S. 82.

« Celui-là seul est un homme parfait qui se compose de trois personnes réunies, savoir : sa femme, lui-même et son fils. Les Brahmanes ont déclaré : « Le mari ne fait qu'une même personne avec son épouse. »

L. 9 — S. 45.

« Qu'une fidélité mutuelle se maintienne jusqu'à la mort, tel est en somme, le principal devoir de la femme et du mari. »

L. 9 — S. 101.

« C'est pourquoi un homme et une femme unis par le mariage doivent bien se garder d'être jamais désunis et de manquer de foi l'un à l'autre. »

L. 9 — S. 102.

Il est facile de deviner l'intervention des brahmanes dans les textes suivants qui, au moins par leurs tendances, contredisent les précédents.

« Quelles que soient les qualités d'un homme auquel une femme est unie par un mariage légitime, elle acquiert elle-même ces qualités, de même que la rivière par son union avec l'océan. »

L. 9 — S. 22.

« Les femmes qui s'unissent à leurs époux dans le désir d'avoir des enfants, qui sont parfaitement heureuses, dignes de respect et qui ont l'honneur de leurs maisons sont véritablement les Déesses de la fortune. »

L. 9 — S. 26.

« Le mari dont l'union a été consacrée par les prières d'usage procure continuellement ici-bas du plaisir à son épouse, soit dans la saison convenable, soit dans un autre temps et lui fait obtenir le bonheur dans l'autre monde. »

L. 5 — S. 152.

« Une femme vertueuse qui désire obtenir le même séjour de félicité que son mari ne doit rien faire qui puisse lui déplaire soit pendant sa vie, soit après sa mort. »

L. 5 — S. 156.

« Celle qui ne trahit pas son mari et dont les pensées, les paroles et le corps sont purs, obtient la même demeure céleste que son époux et est appelée femme vertueuse par les gens de bien. »

L. 5 — S. 165.

« En réalité, il n'y a ni sacrifice, ni pratique pieuse, ni jeûne, qui concernent les femmes en particulier; qu'une épouse chérisse et respecte son mari, elle sera honorée dans le ciel. »

L. 5 — S. 155.

Et pour être tout à fait d'accord avec Manou, il suffirait d'ajouter « qu'un époux chérisse et respecte sa femme ». En somme, il n'apparaît pas que la femme soit infériorisée dans le mariage, tel que le prescrit Manou. Elle a ses devoirs comme l'homme a les siens.

VI. — L'adultère.

La préoccupation qui domine le législateur indien, c'est après avoir assuré la pérennité de la race, d'en assurer la légitimité. Voilà pourquoi l'adultère est sévèrement puni, qu'il soit le fait de l'époux ou de l'épouse.

Dans quels cas y avait-il adultère ?

« Celui qui parle à la femme d'un autre dans une place de pèlerinage, dans une forêt ou dans un bois, ou vers le confluent de deux rivières, c'est-à-dire dans un endroit écarté, encourt la peine de l'adultère. »

L. 8 — S. 356.

« Etre aux petits soins auprès d'une femme, lui envoyer des fleurs et des parfums, folâtrer avec elle, toucher sa parure ou ses vêtements, s'asseoir avec elle sur le même siège, sont considérés par les sages comme les preuves d'un amour adultère. »

L. 8 — S. 357.

La punition est rude.

« L'homme adultère est condamné à être brûlé sur un lit de fer chauffé à rouge et que les exécuteurs alimentent sans cesse le feu avec du bois jusqu'à ce que le pervers soit brûlé. »

L. 8 — S. 372.

« Si une femme fière de sa famille et de ses qualités est infidèle à son époux que le roi la fasse dévorer par les chiens dans une place très fréquentée. »

L. 8 — S. 371.

Ces deux derniers articles pourraient être communiqués aux juges bienveillants qui absolvent si souvent le mari et punissent si souvent la femme adultère.

« Une femme infidèle à son mari est en butte à l'ignominie ici-bas; après sa mort, elle renaît dans le ventre d'un chacal, ou bien elle est affligée d'éléphantiasis et de consomption pulmonaire. »

L. 5 — S. 164.

« Car c'est de l'adultère que naît dans le monde le mélange des classes et du mélange des classes provient la violation des devoirs, destructive de la race humaine; qui cause la perte de l'univers. »

L. 8 — S. 353.

VII. — La mère

La Mère était l'objet d'une grande vénération.

« Ces trois personnes, le père, la mère, l'instituteur (Brahmane) représentent les trois mondes, les trois autres ordres, les trois Livres saints, les trois feux. »

L. 2 — S. 230.

« Le père est le feu sacré perpétuellement entretenu par le maître de la maison; la mère, le feu des cérémonies; l'instituteur, le feu du sacrifice : cette triade de feux mérite la plus grande vénération. »

L. 2 — S. 231.

« Par son respect pour sa mère, l'homme obtient ce bas monde; par son respect pour son père, le monde intermédiaire, celui de l'atmosphère; par sa soumission aux ordres de son directeur, il parvient au monde céleste de Brahma. »

L. 2 — S. 233.

« Par l'hommage rendu à ces trois seules personnes tous les actes prescrits à l'homme par l'Ecriture sainte et par la Loi sont parfaitement accomplis; c'est le premier devoir évidemment; tout autre devoir est dit secondaire. »

L. 2 — S. 237.

On devine aisément la préoccupation des Brahmanes; au moment où ils s'organisent pour supplanter la Déesse et ses prêtresses, ils veulent, nouveaux ministres d'un Dieu nouveau, être placés au premier rang.

« Le prêtre est l'image de l'Etre divin; un père, l'image du Seigneur des créatures; une mère, l'image de la Terre. »

L. 2 — S. 225.

Voilà donc la femme déchue de son piédestal. On ne lui concède plus que le droit à la vénération pour son rôle de génératrice; elle n'est plus la Déesse.

« Plusieurs centaines d'années ne pourraient pas faire la compensation des peines qu'endurent une mère et un père pour donner la naissance à des enfants et les élever. »

L. 2 — S. 227.

VIII. — La veuve.

Dans aucun article des lois de Manou, il n'est fait allusion à l'usage cruel qui oblige les veuves à monter sur le bûcher après la mort de leur époux. Ce qui est dit, c'est qu'une veuve ne doit pas contracter une autre union.

« Cette pratique, qui ne convient qu'à des animaux, a été blâmée hautement par les Brahmanes instruits; cependant elle est dite avoir eu cours parmi les hommes sous le règne de Vena. »

L. 9 — S. 66.

« La veuve doit jusqu'à la mort se maintenir patiente et résignée, vouée à des observances pieuses, chaste et sobre comme un novice, s'appliquant à suivre les excellentes règles de conduite des femmes n'ayant qu'un seul époux. »

L. 8 — S. 158.

« Qu'elle amaigrisse son corps volontairement en vivant de fleurs, de racines et de fruits purs; mais après avoir perdu son époux, qu'elle ne prononce même pas le nom d'un autre homme. »

L. 5 — S. 157.

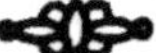

IX. — Rôle social des femmes.

Le Code de Manou limite à la famille le rôle social de la femme. Il réglemente une société dans laquelle le pouvoir de l'homme succède à celui de la femme. Dans quelques articles seulement, on évoque les temps passés où la femme jouait un rôle prépondérant.

« Le fils d'un homme est comme lui-même et une fille chargée de l'office désigné est comme un fils : qui donc pourrait recueillir l'héritage d'un homme qui ne laisse pas de fils, lorsqu'il a une fille qui ne fait qu'une même âme avec lui. »

L. 9 — S. 130.

« Tout ce qui a été donné à la mère lors de son mariage revient par héritage à sa fille non mariée. »

L. 9 — S. 131.

« Au point de vue religieux, le fils d'une fille délivre son grand-père dans l'autre monde aussi bien que le fils d'un fils. »

L. 9 — S. 139.

Enfin, il est un point de la législation qui indique un degré de civilisation auquel ne sont pas arrivées les sociétés modernes.

« Des femmes doivent rendre témoignage pour des femmes. »

L. 8 — S. 68.

Ainsi, il existait dans ces temps reculés des tribunaux dans lesquels siégeaient des femmes, chargées de juger les coupables de leur sexe.

CONCLUSION

· Bien que nous ayons considéré le Code de Manou au seul point de vue du rôle de la femme, on peut se rendre compte qu'il représente un état social d'une moralité supérieure. La plupart des préceptes moraux et religieux qui seront perpétués par les philosophies et les religions postérieures se trouvent déjà formulés en excellents termes.

« Se garder de faire le mal, dire toujours la vérité, s'abstenir de tout vol, être pur, voilà sommairement en quoi consiste le devoir prescrit par Manou aux quatre classes. »

L. 10 — S. 63.

« Tandis que tu dis : Je suis seul avec moi-même, dans ton cœur réside sans cesse cet Esprit suprême, observateur attentif et si lumineux de tout le bien et de tout le mal. »

L. 8 — S. 91.

« Cet Esprit qui règne en ton cœur c'est un juge sévère, un punisseur inflexible, c'est un Dieu; si tu es jamais en discorde avec lui, ne va pas en pèlerinage à la rivière du Ganga ni dans les plaines de Kourou. »

L. 8 — S. 92.

« Les méchants se disent : « Personne ne nous voit », mais les Dieux les regardent, de même que l'Esprit qui siège en eux. »

L. 8 — S. 85.

« L'homme naît seul, meurt seul, reçoit seul la récompense de ses bonnes actions, et seul la punition de ses méfaits. »

Sentences profondes et humaines, qui survivent à toutes les révolutions, parce qu'elles sont l'expression de la Vérité même. La Bruyère avait raison : Tout est dit et l'on vient trop tard depuis 7.000 ans qu'il y a des hommes, et qui pensent » (1). Nous pensons, néanmoins, qu'il est bon

____

(1) Caractères, chapitre I.

de remettre sous nos yeux d'humains dédaigneux ou ignorants du passé quelques pages où se reflète la sagesse antique. S'il est vrai scientifiquement que « rien ne se crée », il est bon moralement que « rien ne se perde » de ce qui constitue, à un moment donné de la vie des créatures, un élément de progrès, un guide dûment averti, un souffle vivifiant et moralisateur.

LÉA BÉRARD.
Professeur agrégée, Lycée de J. F., Agen.

Aux lectrices du " Foyer Gascon " et du Droit humain

Les déléguées au Congrès de la Fédération féministe du Sud-Ouest qui s'est tenu à Foix les 6 et 7 septenmbre dernier ont discuté sur l'importance d'un seul organe féministe régional destiné à continuer l'œuvre d'éducation sociale et féministe des trois organes régionaux déjà parus: *Le Rayon*, *Le Droit humain* et *Le Foyer Gascon*. Le peu d'empressement des groupements départementaux à augmenter le nombre de leurs abonnés impose des sacrifices financiers trop lourds aux fondateurs et fondatrices de ces divers organes.

Pourquoi donc n'essaierions-nous pas de fusionner les deux organes existant encore, en un seul : *L'Avenir féministe du Sud-Ouest*, qui paraîtrait mensuellement sous la direction personnelle de Mme Bérard. Les groupes fédérés du Sud-Ouest la prieraient, d'ouvrir dans son organe, une tribune soit départementale, soit fédérale publiée sous la responsabilité des groupements fédérés. Un lien réel s'établirait ainsi entre toutes les activités féminines du Sud-Ouest au profit de l'extension de la propagande dans les coins les plus reculés de notre région.

Nous soumettons ces suggestions aux lectrices du *Foyer gascon* et du *Droit humain*, persuadées qu'elles n'hésiteront pas à faire un sacrifice si minime de 5 francs par an en faveur de *L'Avenir féministe* pour hâter le triomphe de nos revendications communes.

Pour le bureau fédéral :

La Présidente,
LÉA BÉRARD.

VIme Congrès Fédéral

FOIX, 6 et 7 septembre 1921

Bureau Fédéral :

Présidente : Mme Bérard, 11 (*bis*), rue Garonne, Agen.

Vice-Présidentes : Mme Vogée-Davasse, 69, rue des Trois-Conils, Bordeaux; Mme Esquerré, 78, rue Maréchal-Foch, Tarbes.

Secrétaire-générale : Mme Castetbielh, Lauret par Garlin (Landes).

Secrétaire-adjointe : Mme Lachaize, 148, rue de Montmoreau, Angoulême.

Trésorière : Mme Dachary, groupe Marca, Pau.

Trésorière-adjointe : Mme Lortet, Gayon par Lembeye (Basses-Pyrénées).
